Analisi del libro

AF142057

Le avventure di Alice nel Paese delle Meraviglie

Lewis Carroll

ANALISI DEL LIBRO

Scritto da Eloïse Murat
Tradotto da Sara Rossi

Le avventure di Alice nel Paese delle Meraviglie

LEWIS CARROLL

LEWIS CARROLL

SCRITTORE, SAGGISTA, FOTOGRAFO E MATEMATICO INGLESE

- **Nato a Daresbury (Inghilterra) nel 1832**
- **Morto a Guildford nel 1898**
- **Opere degne di nota:**
  - *Le avventure di Alice nel Paese delle Meraviglie* (1865), romanzo
  - *Attraverso lo specchio* (1872), seguito di *Le avventure di Alice nel Paese delle Meraviglie*
  - *La caccia allo Snark* (1876), poema
  - *Sylvie e Bruno* (1889), romanzo

Charles Lutwidge Dodgson (1832-1898) è stato uno scrittore inglese noto soprattutto con lo pseudonimo di Lewis Carroll. Nel 1854 si laureò in matematica e inglese al Christ Church College di Oxford, dove divenne professore. L'anno successivo iniziò a scrivere racconti e poesie per la rivista *The Train*.

Molto interessato alla fotografia, Carroll amava fotografare le bambine, tra cui Alice Liddell, una delle figlie del decano, per la quale scrisse *Le avventure di Alice nel Paese delle Meraviglie* (1865). Utilizzò il suo pseudonimo soprattutto per le sue opere di narrativa, sia in versi che in prosa (*La caccia allo Snark, Sylvie e Bruno, Attraverso lo specchio*). Con il suo vero nome, pubblicò saggi di logica (*Il gioco della logica*, 1887) e di matematica (*Euclide e i suoi rivali moderni*, 1879).

LE AVVENTURE DI ALICE NEL PAESE DELLE MERAVIGLIE

UN RACCONTO CHE NON SMETTE MAI DI STUPIRE

- **Genere:** racconto
- **Edizione di riferimento:** Carroll, L. (2008) *Le avventure di Alice nel Paese delle Meraviglie*. USA: Evertype.
- **1ª edizione:** 1865
- **Temi:** metamorfosi, iniziazione, meraviglia, sogni, assurdità/nonsense

Le avventure di Alice nel Paese delle Meraviglie è l'opera più importante di Lewis Carroll. Vero e proprio classico della letteratura inglese e mondiale, questo racconto ha affascinato bambini e adulti fin dalla sua pubblicazione nel 1865.

Questo racconto miracoloso, che ebbe un successo immediato, narra la storia di una ragazzina, Alice, che segue il Bianconiglio in una tana di coniglio e scopre il Paese delle Meraviglie. Carroll diede un seguito alle sorprendenti avventure della sua eroina in *Attraverso lo specchio*, pubblicato nel 1872. I due racconti erano originariamente accompagnati dalle illustrazioni di John Tenniel.

SINTESI

SCENDERE NELLA TANA DEL CONIGLIO

Alice, una ragazzina, è annoiata e seduta accanto alla sorella quando, all'improvviso, un coniglio bianco le sfreccia accanto. Sembra avere fretta e scompare nella sua tana. Alice lo segue e cade nelle profondità della Terra. Si ritrova sola in una stanza dal soffitto basso, circondata da porte chiuse.

Su un tavolino, trova una chiave d'oro che le permette di aprire una porticina: si apre un corridoio, alla fine del quale c'è un adorabile giardino che Alice vorrebbe raggiungere. Tuttavia, è troppo alta. Dal nulla appare una fiala con un'etichetta che recita "DRINK ME" e, dopo averla bevuta, Alice inizia a rimpicciolirsi. Purtroppo, Alice ha dimenticato di prendere la chiave prima di farlo. Un attimo dopo, appare una torta con la scritta "EAT ME", che le permette di crescere nuovamente in altezza.

IL PAESE DELLE MERAVIGLIE

Alice raggiunge l'altezza di 2,75 metri e ottiene la chiave, ma è ormai impossibile per lei attraversare la porta: piange e le sue lacrime formano una pozza. Il ventaglio e i guanti di capretto che il coniglio aveva in mano cadono per caso nelle mani di Alice, facendola rimpicciolire di nuovo.

Poi nuota nella pozza delle lacrime dove incontra un topo a cui parla della sua gatta Dinah: il topo si spaventa e Alice, conciliante, decide di non nominare più né gatti né cani. Entrambi nuotano verso la riva insieme ad altri animali. Una volta sulla terraferma, Alice conversa con i suoi nuovi compagni. Si chiedono come faranno ad asciugarsi: il dodo suggerisce una gara di caucus. Poi, il topo spiega al gruppo riunito perché odia tanto i cani e i gatti. Nel testo, la sua storia è presentata sotto forma di calligramma (una poesia il cui testo è visualizzato all'interno di un'immagine) che rappresenta una coda di topo. Ritenendo che Alice non la stia ascoltando, si offende e se ne va.

Il Bianconiglio ritorna: sta cercando i guanti e il ventaglio perduti. Scambiando Alice per Mary Ann, la sua serva, le ordina di cercarli. Alice si reca a casa sua e li trova. Prima di andarsene, beve da una nuova bottiglia e cresce così tanto da riempire tutta la casa. Infastidito, il coniglio lancia delle pietre ad Alice, ma queste si trasformano in torte. Lei ne mangia una, si rimpicciolisce e lascia precipitosamente la casa per mettersi in salvo.

In seguito, la bambina incontra un bruco. Gli confessa che vorrebbe tornare ad avere le sue dimensioni reali. Lui le dice che un lato del fungo su cui è seduto la farà rimpicciolire, mentre l'altro lato la farà crescere. Mangiando a turno da entrambi i lati, la ragazza raggiunge le sue dimensioni normali. Poi Alice arriva in una tenuta con una piccola casa. Per presentarsi ai suoi abitanti, si rimpicciolisce di nuovo.

La piccola Alice entra nella casa in cui si trovano la Duchessa, un bambino chiamato "Maiale", lo Stregatto e il Cuoco. Il bambino viene affidato ad Alice che fugge dalla cacofonia circostante. Il bambino si trasforma in un maiale e lei lo abbandona lungo la strada. Poi, vede lo Stregatto sul ramo di un albero e gli chiede indicazioni. Egli afferma che tutti gli abitanti del Paese delle Meraviglie sono pazzi, poi scompare. Alice arriva alla casa della Lepre Marzolina.

Beve una tazza di tè con la Lepre, il Cappellaio Matto e il Ghiro. Trova assurda la loro conversazione e lascia rapidamente il posto. Nota una porta su un albero, la attraversa e si ritrova nella stessa stanza dell'inizio della sua avventura. Meglio preparata questa volta, prende un boccone di fungo, si rimpiccolisce e finalmente entra nel giardino.

LA REGINA DI CUORI

Tre giardinieri sotto forma di carte da gioco sono impegnati a dipingere di rosso delle rose bianche per soddisfare la Regina. Stanno parlando con Alice, quando arrivano il Re e la Regina, preceduti dai loro cortigiani. Sono tutti travestiti da carte da gioco e si scatena una partita di croquet molto pittoresca. Alice nota il suo amico, lo Stregatto, che i sovrani vogliono decapitare. Pertanto, il Gatto fa sparire la sua testa.

Una volta terminato il gioco, la Regina di Cuori presenta Alice al Grifone, che la conduce dalla Finta Tartaruga. I tre parlano della loro vita passata a scuola e la Tartaruga nasconde i suoi singhiozzi. Il narratore invita poi il lettore a guardare attentamente l'immagine (un'illustrazione di John Tenniel) per immaginare meglio la scena.

Il Grifone e la Tartaruga spiegano ad Alice come ballare la Quadriglia dell'Aragosta. Poi chiedono alla ragazza di raccontare loro la sua storia, dalla caduta nella tana del coniglio in poi. In seguito, Alice recita per loro una poesia, ma ne deforma accidentalmente le parole. Mentre la malinconica Tartaruga canta la sua canzone, l'inizio di un processo la interrompe.

Il Re e la Regina sono seduti sui loro troni e la corte di giustizia è pronta. Alice assiste al processo del Fante di Cuori, che ha rubato le crostate della Regina. Il Bianconiglio chiama i testimoni uno per uno: il Cappellaio, il Cuoco e infine Alice. Anche il tribunale la accusa: discutono se sia colpevole o meno. La Regina la condanna a morte senza nemmeno aspettare la sentenza, ma poi Alice si sveglia, con la testa sulle ginocchia della sorella.

STUDIO DEL CARATTERE

ALICE

È la protagonista principale del racconto, oltre che una figura ineludibile della letteratura. Questa ragazzina curiosa e spensierata segue il Bianconiglio sottoterra e scopre il Paese delle Meraviglie attraverso una serie di strane avventure. Pur essendo altruista e di buon cuore, incontra diverse strane creature con cui ha rapporti conflittuali:

- Spesso li fa arrabbiare perché non conosce le leggi del Paese in cui si trova.

- A volte gli animali si spaventano quando nomina la sua gatta Dinah. La giovane ragazza dal cuore gentile si sente fisicamente e psicologicamente a disagio nel Paese delle Meraviglie, dove non trova il suo posto.

- Non si riconosce più.

- Ha dimenticato la maggior parte delle sue conoscenze accademiche.

- Cresce e si riduce più volte.

È interessante notare come il Paese delle Meraviglie si crei e si modifichi in base ai desideri di Alice, che ha una grande immaginazione. Gli oggetti magici appaiono – come le torte, le bottiglie e le chiavi – nel momento esatto in cui la ragazza ha bisogno di aiuto.

IL BIANCONIGLIO

Il Bianconiglio dagli occhi rosa è sempre di fretta ("Oh caro! Oh caro! Arriverò troppo tardi!"). Autorevole e serio, l'animale è al servizio del Re e della Regina. È anche l'animale che funge da intermediario e conduce Alice dal mondo reale al Paese delle Meraviglie, e viceversa:

• all'inizio del racconto, risveglia la curiosità del bambino, che lo segue nella tana del coniglio;

• alla fine, durante il processo che si conclude con la condanna di Alice, è anche il trombettiere del tribunale, prima che Alice si svegli e torni alla realtà.

LO STREGATTO

Alice incontra per la prima volta lo Stregatto nella casa della Duchessa. Ha unghie lunghe, denti appuntiti e un sorriso di ghiaccio. Questo Gatto, affascinante nei confronti di Alice, è in grado di apparire e scomparire a piacimento. Può anche mostrare solo alcune parti del suo corpo e nasconderne altre. Di conseguenza, è l'unica creatura a cui la Regina di Cuori non può tagliare la testa.

Il Gatto è l'unico personaggio con cui Alice sembra felice di parlare: è contenta di incontrarlo più volte. Inoltre, parla di lui come se fosse un amico.

LA LEPRE MARZOLINA E IL CAPPELLAIO MATTO

La Lepre Marzolina vive in una strana casa: i camini hanno la forma di orecchie e il tetto è fatto di pelliccia. Quando Alice arriva a casa sua, sta prendendo il tè con il Cappellaio Matto. Secondo la ragazzina, è il momento del tè più improbabile a cui abbia mai assistito. In effetti, le due creature sono perse in una conversazione apparentemente assurda. Alice li trova scortesi, per diversi motivi:

- la Lepre e il Cappellaio sostengono che non c'è posto per lei a tavola, anche se ciò è falso;

- la Lepre le offre del vino, anche se non ce n'è;

- fa anche un commento sgradevole sulla sua acconciatura.

Questi due personaggi sono perennemente fermi all'ora del tè, cioè alle 18.00. Un giorno, infatti, il Cappellaio stava cantando alcune parti di una canzone e la Regina ordinò di farlo decapitare per punirlo del suo tentativo di "ammazzare il tempo", in senso letterale. La sua condanna non fu eseguita, ma, da allora, il Tempo è arrabbiato e ha deciso di infastidire lui e la Lepre Marzolina.

I nomi di questi due personaggi sono stati scelti con cura da Lewis Carroll:

- La Lepre Marzolina: all'epoca dell'autore, l'espressione "pazzo come una lepre di marzo" era di uso comune. Il mese di marzo è anche il mese in cui i due personaggi si sono bloccati alle 18:00.

- Il Cappellaio Matto: la follia di questo personaggio si spiega con il fatto che, all'epoca, i cappellai inalavano spesso fumi di mercurio. Queste scatenavano confusione, allucinazioni, ecc.

LA REGINA DI CUORI

Viene rappresentata innanzitutto attraverso i discorsi degli abitanti, che la temono (il Bianconiglio, la Duchessa, i giardinieri, ecc.). Sanguigna e capricciosa, dice sempre: "Tagliate loro la testa!". All'insaputa della Regina, le decapitazioni non avvengono mai, perché il Re di Cuori, non appena si allontana da lei, le perdona tranquillamente. Gli abitanti del Paese delle Meraviglie si fanno beffe di questo personaggio feroce e tirannico, che impone loro molte cose.

ANALISI

GENESI DELL'OPERA

Il signor Liddel, decano del Christ Church College di Oxford, dove Lewis Carroll era bibliotecario e professore, aveva tre figlie piccole. La biblioteca era proprio accanto al giardino dove le bambine giocavano, e probabilmente è così che l'autore le ha conosciute. Nella poesia introduttiva, si chiamano Prima (Lorina), Secunda (Alice) e Tertia (Edith). La poesia fornisce informazioni sulle origini della storia, così come il diario di Lewis Carroll, datato 4 luglio 1862:

- L'autore cita il contesto in cui è stata creata la storia. Era estate, stava facendo un giro in barca con le bambine all'ora del tè e loro chiedevano una storia:

  Diario: "Ho fatto una spedizione lungo il fiume fino a Godstow con i tre Liddell: abbiamo preso il tè sulla riva e non abbiamo raggiunto Christ Church fino alle 8 e ¼".

  Poesia: "Tutti nel pomeriggio dorato/ Pienamente svagati scivoliamo; (…) Ah, crudele Tre! In un'ora come questa, (…) a mendicare una storia di fiato troppo debole/ per smuovere la più piccola piuma!".

- Apprendiamo anche che è allora che Lewis Carroll ha inventato la storia:

  Diario: "In quell'occasione raccontai loro la favola delle 'Avventure di Alice sotto terra'".

  Poesia: "E poi, in un improvviso silenzio/ Inseguono con la fantasia/ Il bambino che si muove in una terra/Di meraviglie selvagge e nuove".

La poesia è più specificamente dedicata ad Alice, colei che ha ispirato il racconto: "Alice! Prendi una storia infantile,/e con mano gentile,/ponila dove i sogni dell'infanzia sono intrecciati/ nella mistica banda della memoria".

LA CRISI D'IDENTITÀ

Dopo il suo arrivo nel Paese delle Meraviglie e in seguito ai suoi cambiamenti mentali e fisici, Alice si interroga sulla sua identità. Questa crisi d'identità è visibile attraverso diversi eventi:

- ha perso le sue conoscenze accademiche (geografia, matematica, poetica, storia, ecc.), il che la infastidisce perché significa che non può razionalizzare il mondo che la circonda;
- è spaventata dall'idea di potersi perdere in un universo sconosciuto e di non poter più tornare alla sua esistenza normale;
- la metamorfosi è onnipresente e Alice si rimpicciolisce e cresce continuamente; questo la mette a disagio;
- il Bianconiglio la scambia per Mary Ann, un piccione la scambia per un serpente, ecc.

Alice nel Paese delle Meraviglie può essere interpretato come un'iniziazione al mondo degli adulti, perché l'eroina è costantemente messa in situazioni in cui deve imparare. Per poter superare gli ostacoli, sono necessarie la sua saggezza e la sua perseveranza. Dopo un'ultima prova potrà lasciare il Paese delle Meraviglie e quindi acquisire la propria identità. Durante la prova dice che sta crescendo, con un significato sia figurato che letterale. Alla fine, la sorella maggiore di Alice immagina la sorella come una giovane donna con un cuore di bambina.

IL MERAVIGLIOSO E IL SOGNO

Nel Paese delle Meraviglie ci sono elementi tipici del meraviglioso:

- strane creature parlano, si comportano come gli esseri umani e hanno capacità magiche (appaiono e scompaiono…);

- la società artificiale è congelata, perché gli abitanti sono definiti dai loro ruoli (il re, la regina, il fante, la serva, il cuoco, ecc.);

- i personaggi non hanno nomi, se non un soprannome che li definisce (lo Stregatto, il Cappellaio Matto, la Lepre Marzolina, ecc.).

- il Paese delle Meraviglie è "altrove", sia in termini di tempo che di luogo;

- ci sono oggetti magici (le torte che fanno crescere Alice, la bottiglia che la fa rimpicciolire, ecc.) e strani (il croquet viene giocato con fenicotteri, ricci e soldati che fungono da mazze, palle e cerchi);

- si verificano strani eventi (un bambino si trasforma in un maiale, i personaggi sono bloccati all'ora del tè, ecc.)

Perennemente sorpresa, Alice non accetta pienamente il mondo che scopre: lo paragona spesso al mondo reale. Nel corso della storia, si abitua ad aspettarsi solo cose straordinarie.

Il racconto di Carroll è quindi una parodia della fiaba classica, in cui i personaggi accettano completamente il loro universo.

Inoltre, le avventure di Alice possono essere viste come un sogno. Infatti, all'inizio della storia, la ragazza si addormenta durante la sua lunga caduta nella tana del coniglio e, alla fine, si risveglia.

NONSENSE E GIOCHI LINGUISTICI

L'eroina afferma che quel giorno tutto è strano. Per Alice, l'assurdo ha una logica. Lo spazio e il tempo sono sconvolti, così come la realtà e la causalità:

- il gatto appare e scompare a piacimento;
- la Lepre Marzolina e il Cappellaio Matto sono bloccati all'ora del tè;
- il tempo è una persona reale;
- la caduta nella tana del coniglio è così lenta che Alice ha il tempo di osservare o prendere gli oggetti che vede sugli scaffali ai lati della tana;
- lo spazio cambia costantemente e discretamente;
- gli eventi non si verificano in un rapporto di causa ed effetto, ma avvengono per caso;
- l'ordine del mondo reale non esiste nel meraviglioso universo.

Giocare con il linguaggio è per Lewis Carroll un mezzo per esplorare il nonsense. Ad esempio, nel capitolo "Un folle Tea-Party", Alice ha la sensazione che la conversazione tra il Cappellaio Matto e la Lepre Marzolina sia assurda. Da un punto di vista logico, invece, hanno perfettamente senso. L'opera è infatti definita da una dialettica rigorosa, essendo Lewis Carroll un matematico.

L'autore esplora anche le possibilità del linguaggio fantastico puro. Nelle sue opere ci sono:

- Neologismi formati dalla contrazione di due parole: la "Tartaruga" era una maestra che ogni mese faceva passare i suoi studenti sotto il toise, cioè li misurava;

- giochi di parole (divertenti giochi di parole basati su omonimi o omofoni).

ULTERIORI RIFLESSIONI

ALCUNE DOMANDE SU CUI RIFLETTERE...

- Evidenziare gli elementi che appartengono al genere della fiaba.

- Perché si può dire che, in un certo senso, Lewis Carroll fa la parodia della fiaba?

- Quest'opera è anche una storia di passaggio di età. Che cosa significa?

- Pensi che l'autore consideri le avventure di Alice come un sogno? Come percepite queste avventure?

- Il quadro spaziale e temporale delineato da Lewis Carroll è realistico? Spiegate la vostra risposta.

- La formazione di Carroll come matematico si riflette in Alice nel Paese delle Meraviglie? Se sì, come?

- Quest'opera è piaciuta sia ai bambini che agli adulti. Secondo lei, perché ha raggiunto un pubblico così vario?

- Confrontate *Le avventure di Alice nel Paese delle Meraviglie* con altre fiabe, come quelle dei fratelli Grimm e di Charles Perrault, o *La Bella e la Bestia* di Madame Leprince de Beaumont. Quali differenze e quali somiglianze notate?

- L'opera di Carroll è stata oggetto di numerosi adattamenti, soprattutto cinematografici. Confrontate la storia con l'ultima versione di Tim Burton (2010). Il film racconta fedelmente la storia e l'atmosfera creata da Lewis Carroll? Quali libertà si è preso il regista?

ULTERIORI LETTURE

EDIZIONE DI RIFERIMENTO

Carroll, L. (2008) *Le avventure di Alice nel Paese delle Meraviglie*.
USA: Evertype.

ADATTAMENTI

Alice nel Paese delle Meraviglie. (1903) [Cortometraggio]. Cecil
Hepworth e Percy Stow. Regia. REGNO UNITO: Hepworth.

Alice nel Paese delle Meraviglie. (1933) [Film]. Norman Z. McLeod.
USA: Paramount Pictures.

Alice nel Paese delle Meraviglie. (1949) [Film]. Dallas Bower e
Louis Burin. Regia. USA: Lou Bunin Productions.

Alice nel Paese delle Meraviglie. (1951) [Film]. Clyde Geronimi,
Wilfred Jackson e Hailton Luske. Regia. USA: Walt Disney
Productions.

Alice nel Paese delle Meraviglie. (2010) [Film]. Tim Burton.
Dir. USA: Walt Disney Pictures.

ALTRI ADATTAMENTI

Alice nel Paese delle Meraviglie. *(2010) [Fumetto]. Di Chauve D. e
Collete X.*

Alicia. *(1990) [Opera]. Federica Ibarra (compositrice) e José
Ramon Enriquez (autore del libretto). Messico: Opera Nazionale
(Bella Artes).*

Alice nel Paese delle Meraviglie. *(1959) [Scultura]. Di de Creeft,
J. Central Park.*

Vogliamo sapere da voi!
Lasciate un commento sulla vostra biblioteca online
e condividete i vostri libri preferiti sui social media!

www.50minutes.com

Master ISBN: 9782808690805
ISBN cartaceo: 9782808612203
Deposito legale: D/2023/12603/1500

Copertura: © Primento

Concezione digitale a cura di Primento, il partner digitale degli editori.